PYTHON

Sommario

Premessa

Python è un popolare linguaggio di programmazione open source utilizzato sia per programmi standalone che per applicazioni di scripting in un'ampia varietà di domini. È gratuito, portatile, potente ed è sia facile da usare che divertente da usare. I programmatori di ogni angolo dell'industria del software hanno posto l'attenzione su Python, sulla produttività degli sviluppatori e sulla qualità del software. Questi aspetti sono fondamentali e rappresentano un vantaggio strategico sia in progetti grandi che di piccole dimensioni.

Che tu sia un principiante nell'ambito della programmazione o che tu sia uno sviluppatore professionista, questo libro è progettato per portarti al passo con il linguaggio Python in modo graduale e guidato, accompagnato da esercizi svolti ed esercizi che dovrai svolgere in autonomia. Dopo aver letto questo libro, dovresti saperne abbastanza su Python per poterlo usare in qualsiasi dominio applicativo tu scelga di esplorare.

In base a ciò che vuoi realizzare, questo libro è un tutorial che enfatizza il linguaggio di Python, piuttosto che focalizzarsi sulle sue applicazioni specifiche. A causa del focus sui fondamenti, tuttavia, questo libro è in grado di presentare i fondamenti del linguaggio Python con più profondità di quanto molti programmatori vedano in altri corsi.

Il suo approccio dal basso verso l'alto e gli esempi didattici sono progettati per insegnare ai lettori le basi del linguaggio un passo alla volta. Le competenze linguistiche di base che acquisirai nel processo si applicheranno a ogni software Python che incontrerai, siano essi strumenti popolari come Django, NumPy e App Engine o altri che potrebbero far parte sia del futuro di Python che della tua carriera di programmatore.

Questo libro funge da introduzione al linguaggio e, sebbene ci siano molti modi per usare questo libro, il mio consiglio è di procedere per capitoli e contemporaneamente risolvere gli esercizi correlati proposti. In tal modo si amplifica di gran lunga l'efficacia del libro stesso.

Capitolo 1: Perché Python

Poiché hai acquistato questo libro, potresti già sapere cos'è Python e perché è uno strumento importante per la programmazione così come per la tua carriera. Se non ne sei a conoscenza, probabilmente non potrai inserire Python nel tuo CV finché non avrai imparato il linguaggio leggendo il resto di questo libro e finché non avrai realizzato qualche progetto. Ma prima di entrare nei dettagli, questo primo capitolo di questo libro introdurrà brevemente alcuni dei motivi principali alla base della popolarità di Python.

Ragioni del successo

Perché Python è così usato? Poiché oggi sono disponibili molti linguaggi di programmazione, questa è la solita prima domanda dei principianti. Dato che al momento ci sono circa 1 milione di utenti Python, non c'è davvero modo di rispondere a questa domanda con la massima accuratezza; la scelta degli strumenti di sviluppo è talvolta basata su vincoli unici o preferenze personali. I fattori principali citati dagli utenti di Python sembrano essere questi:

- Qualità del software

- Produttività degli sviluppatori

- Supporto per le librerie

- Integrazione delle componenti

- Portabilità

- Divertimento nella programmazione

Per molti, l'attenzione di Python sulla leggibilità, la coerenza e la qualità del software in generale lo distingue dagli altri strumenti nel mondo dello scripting. Il codice Python è progettato per essere leggibile e quindi riutilizzabile e manutenibile, molto più dei tradizionali linguaggi di scripting. L'uniformità del codice Python lo rende facile da capire, anche se non si tratta di codice scritto da te. Inoltre, Python ha un supporto profondo per meccanismi di riutilizzo del software più avanzati, come la programmazione orientata agli oggetti (OOP) e di funzioni.

Python aumenta la produttività degli sviluppatori rispetto a linguaggi come C, C++ e Java. Il codice Python è in genere da un terzo a un quinto in termini di dimensione dell'equivalente codice C++ o Java. Ciò significa che c'è meno testo da digitare, meno codice per cui eseguire il debug e meno codice da manutenere dopo il rilascio. I programmi Python vengono eseguiti immediatamente, senza i lunghi passaggi di compilazione e linking richiesti da altri strumenti, aumentando ulteriormente la produttività del programmatore.

La maggior parte dei programmi Python viene eseguita senza modifiche su tutte le principali piattaforme per computer. Eseguire il porting di codice Python tra Linux e Windows, ad esempio, si riduce a copiare il codice di uno script tra le macchine. Inoltre, Python offre molteplici opzioni per la codifica di interfacce utente grafiche, programmi di accesso al database, sistemi basati sul web e altro ancora. Anche le interfacce del sistema operativo, inclusa l'esecuzione dei programmi e l'elaborazione delle directory, sono portabili in Python.

Python viene fornito con un'ampia raccolta di funzionalità predefinite, note come libreria standard. Inoltre, Python può essere esteso sia con librerie interne che con una vasta raccolta di software di supporto per applicazioni di terze parti. Il dominio di terze parti di Python offre strumenti per la costruzione di siti Web, la programmazione numerica, l'accesso alle porte seriali, lo sviluppo di giochi e molto altro. L'estensione NumPy, ad esempio, è stata descritta come un equivalente gratuito e più potente del sistema di programmazione numerica Matlab.

Gli script Python possono comunicare facilmente con altre parti di un'applicazione, utilizzando una varietà di meccanismi di integrazione. Tali integrazioni consentono di utilizzare Python come strumento di personalizzazione ed estensione, infatti, il codice Python può invocare librerie C e C++, può essere invocato da programmi C e C++, può integrarsi con componenti Java e .NET, può comunicare su framework come COM e Silverlight. Oltre a questo, può interagire su reti con interfacce come SOAP, XML-RPC e CORBA.

Grazie alla facilità d'uso e al set di strumenti integrato di Python, può rendere la programmazione più un piacere che un lavoro di routine. Sebbene questo possa essere un vantaggio immateriale, il suo effetto sulla produttività è una risorsa importante. Di questi fattori, i primi due (qualità e produttività) sono probabilmente i vantaggi più interessanti per la maggior parte degli utenti Python.

Grazie a tutte queste interessanti proprietà, Python è utilizzato da diverse aziende importanti come Google, Facebook, Instagram, Spotify, Quora, Netflix, Dropbox e tante altre.

Perché non usarlo sempre?

Visto che ha tutti questi vantaggi, perché non usiamo tutti Python e invece diamo spazio anche ad altri linguaggi?

Dopo averlo usato per molti anni, ho scoperto che l'unico svantaggio significativo di Python è che, come attualmente implementato, la sua velocità di esecuzione potrebbe non essere sempre la più rapida rispetto ai linguaggi completamente compilati come C e C++. Sebbene oggigiorno sia relativamente raro, per alcune attività potrebbe rivelarsi ancora necessario essere "più vicini al ferro" utilizzando linguaggi più vicini all'architettura hardware sottostante.

In breve, le implementazioni standard di Python oggi compilano (cioè traducono) le istruzioni del codice sorgente in un formato intermedio noto come byte-code e quindi interpretano il byte-code. Esso fornisce la portabilità poiché è un formato indipendente dalla piattaforma, tuttavia, poiché Python non è normalmente compilato fino al codice macchina binario (ad esempio, istruzioni per un chip Intel), alcuni programmi verranno eseguiti più lentamente in Python rispetto ad un linguaggio completamente compilato come C.

Python, tuttavia, è stato ottimizzato numerose volte e il codice Python viene eseguito abbastanza velocemente nella maggior parte dei domini delle applicazioni. Inoltre, ogni volta che fai qualcosa di "reale" in uno script Python, come elaborare un file o costruire un'interfaccia utente grafica (GUI), il tuo programma verrà effettivamente eseguito alla velocità del linguaggio C, poiché tali attività vengono immediatamente inviate al codice C compilato all'interno dell'interprete Python.

Fondamentalmente, il guadagno di velocità in fase di sviluppo di Python è spesso molto più importante di qualsiasi perdita di velocità in esecuzione, specialmente date le prestazioni dei computer moderni. Anche alle attuali velocità della CPU, tuttavia, ci sono ancora alcuni domini che richiedono velocità di esecuzione ottimali.

Non parleremo di estensioni in questo libro ma sappi che ne esistono diverse per Python che possono aiutarti qualora ne avessi bisogno, ti basterà una ricerca su Google. Troverai una community molto vasta e pronta a darti una mano e capirai che tali estensioni forniscono un potente strumento di ottimizzazione.

Verifica la tua preparazione

1. Quali sono le sei ragioni per cui è usato Python?

2. Quali sono le aziende usano Python?

3. Quando non è consigliato usarlo?

Capitolo 2: I tipi di oggetti

Questo capitolo inizia il nostro tour del linguaggio Python. In Python, i dati assumono la forma di oggetti: oggetti incorporati (o integrati) forniti da Python oppure oggetti che creiamo utilizzando classi Python oppure strumenti di linguaggio esterni come le librerie di estensioni C. Sebbene rafforzeremo questa definizione più avanti, gli oggetti sono essenzialmente solo parti di memoria, con valori e insiemi di operazioni associate.

Come vedremo, tutto è un oggetto in uno script Python, anche i numeri semplici con valori (ad es. 99) e le relative operazioni (addizione, sottrazione e così via). Poiché gli oggetti sono anche la nozione più importante nella programmazione Python, inizieremo questo capitolo con un'indagine sui tipi di oggetti integrati in Python.

Da una prospettiva più concreta, i programmi Python possono essere scomposti in moduli, istruzioni, espressioni e oggetti, come segue:

- I programmi sono composti da moduli

- I moduli contengono istruzioni

- Le istruzioni contengono espressioni

- Le espressioni creano ed elaborano oggetti

Se hai utilizzato linguaggi a più basso livello come C o C++, sai che gran parte del tuo lavoro si concentra sull'implementazione di oggetti, noti anche come strutture di dati, per rappresentare i componenti nel dominio della tua applicazione. È necessario disporre le strutture della memoria, gestire l'allocazione della memoria, implementare le routine di ricerca e accesso e così via. Queste faccende sono noiose (e soggette a errori) e, a quanto sembra, di solito distraggono dai veri obiettivi del tuo programma.

Nei tipici programmi Python, la maggior parte di questo lavoro scompare e, poiché Python fornisce potenti tipi di oggetti come parte intrinseca del linguaggio, di solito non è necessario codificare le implementazioni degli oggetti prima di iniziare a risolvere i problemi. In effetti, a meno che tu non abbia bisogno di un'elaborazione speciale che i tipi integrati non forniscono, è quasi sempre meglio utilizzare un oggetto integrato invece di implementare il tuo.

Oggetti integrati

Gli oggetti integrati semplificano la scrittura dei programmi. Per compiti semplici, tali tipi sono spesso tutto ciò che serve per rappresentare la struttura dei domini. Poiché ottieni strumenti potenti come raccolte (elenchi) e tabelle di ricerca (dizionari) già out-of-the-box, puoi utilizzarli immediatamente. Puoi creare molto codice solo con i tipi di oggetti incorporati di Python. Per attività più complesse, potrebbe essere necessario fornire i propri oggetti utilizzando classi Python o interfacce in linguaggio C.

Tuttavia, gli oggetti integrati sono spesso più efficienti delle strutture di dati personalizzate. I tipi integrati di Python impiegano algoritmi di strutture dati già ottimizzati che vengono implementati in C per garantire una certa velocità. Sebbene tu possa scrivere da solo tipi di oggetti simili, di solito ti sarà difficile ottenere il livello di prestazioni fornito dai tipi di oggetti integrati.

Gli oggetti integrati sono una parte standard del linguaggio, infatti, in un certo senso, Python eredita sia dai linguaggi che si basano su strumenti integrati (ad esempio, LISP) sia dai linguaggi che si affidano al programmatore per fornire implementazioni di strumenti o framework propri (ad esempio, C++). Sebbene tu possa implementare tipi di oggetti univoci in Python, non è necessario farlo. In altre parole, non solo i tipi di oggetti integrati facilitano la programmazione, ma sono anche più potenti ed efficienti della maggior parte di ciò che può essere creato da zero. Indipendentemente dal fatto che si implementino nuovi tipi di oggetti, gli oggetti integrati costituiscono il nucleo di ogni programma Python.

Ecco alcuni tipi di oggetti integrati in Python:

- Number

- String

- List

- Dictionary

- Tuple

- File

- Set

- Function, module, class

Alcuni di questi tipi probabilmente sembreranno familiari se hai usato altri linguaggi; ad esempio, i numeri e le stringhe rappresentano rispettivamente valori numerici e testuali e gli oggetti `File` forniscono un'interfaccia per l'elaborazione di file memorizzati sul computer. Per alcuni lettori, tuttavia, potrebbero essere più generali e potenti di quelli a cui sei abituato. Ad esempio, scoprirai che gli elenchi e i dizionari da soli sono potenti strumenti di rappresentazione dei dati che eliminano la maggior parte del lavoro che svolgi per supportare le raccolte e la ricerca nei linguaggi di basso livello.

In breve, gli elenchi forniscono raccolte ordinate di altri oggetti, mentre i dizionari memorizzano gli oggetti per chiave; sia gli elenchi che i dizionari possono essere annidati, possono crescere e ridursi su richiesta e possono contenere oggetti di qualsiasi tipo.

Un aspetto importante da ricordare è che, una volta creato un oggetto, esso si lega al suo insieme di operazioni per sempre: è possibile eseguire solo operazioni delle stringhe su una stringa e operazioni delle liste su una lista. In termini formali, ciò significa che Python è tipizzato dinamicamente quindi tiene traccia dei tipi automaticamente ma è anche fortemente tipizzato, puoi eseguire su un oggetto solo operazioni valide per il suo tipo.

Prima di addentrarci nei dettagli, però, iniziamo dando una rapida occhiata agli oggetti principali di Python. Non aspettarti di trovare la storia completa qui: l'obiettivo di questo capitolo è solo quello di stuzzicare l'appetito e introdurre alcune idee chiave. Tuttavia, il modo migliore per iniziare è iniziare, quindi passiamo direttamente al codice.

Numeri

Se in passato hai eseguito programmi o script, alcuni dei tipi di oggetti elencati ti sembreranno familiari. Anche se non l'hai fatto, i numeri sono abbastanza semplici. Il set di oggetti principali di Python include i soliti numeri interi che non hanno parti frazionarie, numeri in virgola mobile e tipi più complessi: numeri complessi con parti immaginarie, decimali con precisione fissa, razionali con numeratore e denominatore ecc.

I numeri integrati sono sufficienti per rappresentare la maggior parte delle quantità numeriche, dalla tua età al tuo conto in banca, ma sono disponibili più tipi come componenti aggiuntivi di terze parti. I numeri in Python supportano le normali operazioni matematiche. Ad esempio, il segno più (+)

esegue l'addizione, una stella (*) viene utilizzata per la moltiplicazione e due stelle (**) vengono utilizzate per l'elevamento a potenza:

```
>>> 123 + 222 # Addizione intera
345
>>> 1.5 * 4 # Moltiplicazione in virgola
mobile
6.0
>>> 2 ** 20 # 2 alla potenza 100
1267650600228229401496703205376
```

Oltre alle espressioni, ci sono una manciata di utili moduli forniti con Python. I moduli sono solo pacchetti di strumenti aggiuntivi che importiamo per l'uso:

```
>>> import math
>>> math.pi
3.141592653589793
>>> math.sqrt(85)
9.219544457292887
```

Il modulo math contiene strumenti numerici più avanzati come funzioni, mentre il modulo

random esegue la generazione di numeri
casuali e le selezioni casuali:

```
>>> import random
>>> random.random()
0.7082048489415967
>>> random.choice([1, 2, 3, 4])
1
```

Finora, abbiamo utilizzato Python in modo
molto simile a una semplice calcolatrice; per
rendere giustizia ai suoi tipi integrati,
passiamo all'esplorazione delle stringhe.

Stringhe

Le stringhe vengono utilizzate per registrare sia informazioni testuali (il tuo nome, ad esempio) che raccolte arbitrarie di byte (come il contenuto di un file di immagine). Sono il nostro primo esempio di ciò che in Python chiamiamo sequenza ovvero una raccolta ordinata in base alla posizione di altri oggetti.

Le sequenze mantengono un ordine da sinistra a destra degli elementi che contengono: i loro elementi vengono memorizzati e recuperati dalle loro posizioni relative. A rigor di termini, le stringhe sono sequenze di stringhe di un carattere; altri tipi di sequenza più generali includono elenchi e tuple, che vedremo in seguito. Come sequenze, le stringhe supportano operazioni che assumono un ordinamento posizionale tra gli elementi, ad esempio, se abbiamo una stringa di quattro caratteri codificata tra virgolette, possiamo verificarne la lunghezza con la funzione incorporata len e recuperarne i componenti con espressioni di indicizzazione:

```
>>> S = 'Spam' # Crea una stringa di 4
caratteri e assegnale un nome
>>> len (S)   # Lunghezza
4
>>> S [0] # Il primo elemento in S,
indicizzato in base alla posizione a
base zero
'S'
>>> S [1] # Il secondo elemento da
sinistra
"p"
```

In Python, gli indici sono codificati come offset dalla parte anteriore, quindi iniziano da 0 e il primo elemento si trova all'indice 0, il secondo all'indice 1 e così via. Osserva come abbiamo assegnato la stringa a una variabile denominata S, ricorda che le variabili Python non devono mai essere dichiarate in anticipo.

Una variabile viene creata quando le si assegna un valore, può essere assegnato a qualsiasi tipo di oggetto e viene sostituita con il suo valore quando viene visualizzato in un'espressione. Per gli scopi di questo capitolo, è sufficiente sapere che dobbiamo assegnare un oggetto a una variabile per salvarlo per un uso successivo.

In Python, possiamo anche indicizzare al contrario ovvero dalla fine: gli indici positivi contano da sinistra e gli indici negativi contano a ritroso da destra:

```
>>> S [-1]  # L'ultimo elemento dalla
fine in S
'm'
>>> S [-2]  # Il penultimo elemento dalla
fine
'a'
```

Formalmente, un indice negativo viene semplicemente aggiunto alla lunghezza della stringa, quindi le due operazioni seguenti sono equivalenti (sebbene la prima sia più facile da codificare e meno incline ad errori):

```
>>> S [-1] # L'ultimo elemento in S
'm'
>>> S [len (S) -1] # Indicizzazione
negativa, nel modo più rigoroso
'm'
```

Nota che possiamo usare un'espressione arbitraria tra parentesi quadre, non solo un numero — ovunque Python si aspetti un valore, possiamo usare un letterale, una variabile o una qualsiasi espressione.

La sintassi di Python è completamente generale in questo modo. Oltre alla semplice indicizzazione posizionale, le sequenze supportano anche una forma più generale di indicizzazione nota come slicing, che è un modo per estrarre un'intera sezione (slice) in un unico passaggio. Ad esempio:

```
>>> S # Una stringa di 4 caratteri
"Spam"
```

```
>>> S [1: 3]  # Parte di S dagli offset 1
a 2 (non 3)
"pa"
```

Probabilmente il modo più semplice per pensare alle sezioni è che sono un modo per estrarre un'intera colonna da una stringa. La loro forma generale, x [I: J], significa "dammi tutto in x dall'offset I fino all'offset J escluso". Il risultato viene restituito in un nuovo oggetto.

La seconda delle operazioni precedenti, ad esempio, ci fornisce tutti i caratteri nella stringa S dagli offset 1 a 2 (cioè da 1 a 3 - 1) come una nuova stringa. L'effetto è quello di suddividere i due caratteri al centro.

Infine, come sequenze, le stringhe supportano anche la concatenazione con il segno + (unendo due stringhe in una nuova stringa) e la ripetizione (creando una nuova stringa ripetendone un'altra):

```
>>> S
'Spam'
>>> S + 'xyz' # Concatenazione
'Spamxyz'
>>> S # S è rimasto invariato
'Spam'
>>> S * 8 # Ripetizione
'SpamSpamSpamSpamSpamSpamSpamSpam'
```

Nota che il segno più (+) assume diversi significati per oggetti diversi: addizione per i numeri e concatenazione per le stringhe. Questa è una proprietà generale di Python che chiameremo polimorfismo, in sintesi, il significato di un'operazione dipende dagli oggetti su cui si opera. Questa proprietà del polimorfismo spiega gran parte della concisione e della flessibilità del codice Python.

Poiché i tipi non sono vincolati, un'operazione codificata in Python può funzionare normalmente su molti tipi diversi di oggetti automaticamente, purché supportino un'interfaccia compatibile (come l'operazione + in questo caso).

Verifica la tua preparazione

1. Nomina quattro dei principali tipi di dati in Python.
2. Perché sono detti tipi di dati "core"?

Capitolo 3: Strutture dati

Liste

L'oggetto liste (o elenco) in Python è la sequenza più generale fornita dal linguaggio. Le liste sono raccolte ordinate in base alla posizione di oggetti tipizzati arbitrariamente e non hanno dimensioni fisse. Sono anche modificabili, infatti, a differenza delle stringhe, le liste possono essere modificate per posizione tramite assegnazione a offset e una varietà di metodi. Di conseguenza, forniscono uno strumento molto flessibile per rappresentare raccolte arbitrarie: elenchi di file in una cartella, dipendenti di un'azienda, messaggi di posta elettronica nella posta in arrivo e così via.

Poiché sono sequenze, le liste supportano tutte le operazioni di sequenza che abbiamo discusso per le stringhe; l'unica differenza è che i risultati di solito sono elenchi anziché stringhe. Ad esempio, dato un elenco di tre elementi:

```
>>> L = [123, 'spam', 1.23] # Un elenco
di tre oggetti di tipo diverso
>>> len (L) # Numero di elementi
nell'elenco
3
```

possiamo utilizzare gli indici, sezionare e così via, proprio come per le stringhe:

```
>>> L [0] # Indicizzazione per posizione
123
>>> L [: - 1] # Se si seziona una lista
ne viene restituita una nuova
[123, 'spam']
>>> L + [4, 5, 6] # Concatenazione /
ripetizione creano nuovi elenchi
[123, 'spam', 1.23, 4, 5, 6]
>>> L * 2
[123, 'spam', 1.23, 123 , 'spam', 1.23]
>>> L # Non stiamo cambiando l'elenco
originale
[123, 'spam', 1.23]
```

Gli elenchi di Python possono ricordare gli array di altri linguaggi, ma tendono ad essere più potenti. Per prima cosa, non hanno vincoli sul tipo: l'elenco che abbiamo appena visto, ad esempio, contiene tre oggetti di tipi completamente diversi (un intero, una stringa e un numero in virgola mobile).

Inoltre, gli elenchi non hanno dimensioni fisse, cioè, possono crescere e ridursi su richiesta, in risposta ad operazioni specifiche dell'elenco:

```
>>> L.append ('NI') # aggiungo un
oggetto alla fine dell'elenco
>>> L
[123, 'spam', 1.23, 'NI']
>>> L.pop (2) # elimina un elemento al
centro e restituisce l'elemento
eliminato
1.23
>>> L
[123, 'spam', ' NI ']
```

Qui, il metodo `append` della lista espande le dimensioni della lista e inserisce un elemento alla fine; il metodo `pop` rimuove un elemento ad un dato offset, causando la riduzione dell'elenco. Altri metodi inseriscono un elemento in una posizione arbitraria (`insert`), rimuovono un dato elemento per valore (`remove`), aggiungono più elementi alla fine (`extend`) e così via. Poiché gli elenchi sono modificabili, la maggior parte dei metodi di elenco cambia l'oggetto elenco in posizione, invece di crearne uno nuovo:

```
>>> M = ['bb', 'aa', 'cc']
>>> M.sort()
>>> M
['aa', 'bb', 'cc']
>>> M.reverse()
>>> M
['cc', 'bb', 'aa']
```

Il metodo `sort` dell'elenco, ad esempio, ordina l'elenco in modo crescente per impostazione predefinita e `reverse` lo inverte: in entrambi i casi, i metodi modificano l'elenco in modo diretto.

Una caratteristica interessante dei tipi di dati principali di Python è che supportano la nidificazione arbitraria: possiamo nidificarli in qualsiasi combinazione e in profondità. Ad esempio, possiamo avere un elenco che contiene un dizionario, che contiene un altro elenco e così via. Un'applicazione immediata di questa caratteristica è la rappresentazione di matrici, o "array multidimensionali" in Python. Un elenco con elenchi annidati farà il lavoro si presenterà in questo modo:

```
>>> M = [[1, 2, 3], # Una matrice 3 x 3
         [4, 5, 6],
         [7, 8, 9]]
>>> M
[[1, 2, 3], [4, 5, 6], [7, 8, 9]]
```

Qui abbiamo codificato un elenco che contiene altri tre elenchi. L'effetto è quello di rappresentare una matrice di numeri 3 × 3 (righe x colonne). È possibile accedere a tale struttura in vari modi:

```
>>> M [1]  # Ottieni la riga 2
[4, 5, 6]
>>> M [1] [2]  # Ottieni la riga 2,
quindi ottieni l'elemento in posizione 2
all'interno della riga
6
```

La prima operazione qui recupera l'intera
seconda riga e la seconda recupera il terzo
elemento all'interno di quella riga (da sinistra
verso destra). Mettendo insieme le operazioni
sugli indici è possibile scorrere sempre più in
profondità nella struttura di oggetti annidati.

Dizionari

I dizionari Python sono qualcosa di completamente diverso: non sono affatto sequenze ma sono invece conosciute come mappings (o mappature). Le mappature sono raccolte di altri oggetti ma memorizzano gli oggetti per chiave invece che per posizione.

In effetti, le mappature non mantengono alcun ordine affidabile da sinistra a destra; mappano semplicemente le chiavi ai valori associati. Anche i dizionari, che sono l'unico tipo di mappatura nell'insieme di oggetti principali di Python, sono mutabili: come gli elenchi, possono essere modificati in posizione e possono crescere e ridursi su richiesta.

Inoltre, come gli elenchi, sono uno strumento flessibile per rappresentare le raccolte, ma le loro chiavi sono più adatte quando gli elementi di una raccolta sono denominati o etichettati, ad esempio i campi di un record di database.

Quando scritti come letterali, i dizionari sono codificati tra parentesi graffe e sono costituiti da una serie di coppie "chiave: valore". I dizionari sono utili ogni volta che abbiamo bisogno di associare un insieme di valori a chiavi, ad esempio per descrivere le proprietà di qualcosa. Considera il seguente dizionario composto da tre voci (con le chiavi "cibo", "quantita" e "colore"):

```
>>> D = {'cibo': 'Carne poco cotta',' quantita': 1,' color ':' rosa'}
```

Possiamo indicizzare questo dizionario in base alle chiavi per recuperare o modificare i valori associati. L'operazione di indice del dizionario utilizza la stessa sintassi di quella utilizzata per le sequenze, ma l'elemento tra parentesi quadre è una chiave, non una posizione relativa:

```
>>> D ['cibo'] # Recupera il valore
della chiave 'cibo'
'Carne poco cotta'
>>> D ['quantita'] + = 1 # Aggiungi 1 al
valore 'quantita'
>>> D
{'colore': 'rosa', 'cibo': 'Carne poco
cotta', 'quantita': 2}
```

Sebbene sia usata la forma letterale delle parentesi graffe, forse è più comune vedere dizionari costruiti in modi diversi (è raro conoscere tutti i dati del programma prima che il programma venga eseguito).

Il codice seguente, ad esempio, inizia con un dizionario vuoto e lo riempie una chiave alla volta. A differenza delle assegnazioni fuori limite negli elenchi, che sono vietate, le assegnazioni di nuove chiavi del dizionario creano quelle chiavi:

```
>>> D = {}
>>> D ['nome'] = 'Antonio' # Crea chiavi
per assegnazione
```

```
>>> D ['lavoro'] = 'ingegnere'
>>> D ['eta'] = 30
>>> D {'eta': 30, 'lavoro': 'ingegnere',
'nome': 'Antonio' }
>>> print (D ['nome'])
'Antonio'
```

In questo caso, stiamo effettivamente usando le chiavi del dizionario come nomi di campo in un record che descrive una persona. In altre applicazioni, i dizionari possono essere utilizzati anche per sostituire le operazioni di ricerca: l'indicizzazione di un dizionario per chiave è spesso il modo più veloce per codificare una ricerca in Python.

Supponiamo, però, che le informazioni siano più complesse. Forse abbiamo bisogno di registrare un nome e un cognome, insieme a più titoli per il lavoro. Questo porta a un'altra applicazione della nidificazione degli oggetti di Python.

Il seguente dizionario, codificato tutto in una volta come letterale, acquisisce informazioni più strutturate:

```
>>> rec = {'identita': {'nome':
'Antonio', 'cognome': 'Rossi'},
'lavoro': ['ingegnere', 'sviluppatore'],
'eta': 30}
```

Anche in questo caso abbiamo un dizionario a tre chiavi in alto (chiavi "identita", "lavoro" e "eta"), ma i valori sono diventati più complessi: un dizionario annidato per l'identità per supportare più parti e un elenco annidato per i lavori per supportare più ruoli ed espansioni future.

Possiamo accedere ai componenti di questa struttura come abbiamo fatto in precedenza per la nostra matrice basata su liste, ma questa volta la maggior parte degli indici sono chiavi di dizionario, non posizioni di una lista:

```
>>> rec ['identita'] # 'identita' è un
dizionario annidato
{'cognome': 'Rossi','nome':'Antonio'}
>>> rec ['identita']['nome'] # Indicizza
il dizionario annidato
'Antonio'
>>> rec ['lavoro'] # 'lavoro' è un
elenco annidato
[ 'ingegnere', 'sviluppatore']
>>> rec ['lavoro'] [- 1] # Indicizza
l'elenco annidato
'sviluppatore'
>>> rec ['lavoro'].append('leader') #
Espandi la descrizione del lavoro di
Antonio in posizione
>>> rec
{'eta': 30, 'lavoro': ['ingegnere',
'sviluppatore', 'leader'],'identita':
{'nome': 'Antonio', 'cognome': 'Rossi'}}
```

Nota come l'ultima operazione qui espande l'elenco dei lavori annidati: poiché l'elenco dei lavori è una parte di memoria separata dal dizionario che lo contiene, può crescere e ridursi liberamente. La vera ragione per mostrarti questo esempio è dimostrare la flessibilità dei principali tipi di dati in Python. Come puoi vedere, l'annidamento ci consente di rappresentare informazioni complesse in modo facile e diretto. La costruzione di una struttura simile in un linguaggio di basso livello come il C sarebbe più noiosa e richiederebbe molto più codice: dovremmo disporre e dichiarare strutture, array, compilare valori, collegare tutto insieme e così via.

In Python, questo è del tutto automatico: l'esecuzione crea per noi l'intera struttura di oggetti annidati. In effetti, questo è uno dei principali vantaggi dei linguaggi di scripting come Python. Altrettanto importante, in un linguaggio di basso livello è l'attenzione nel ripulire tutto lo spazio occupato dall'oggetto quando non ne abbiamo più bisogno. In Python, quando perdiamo l'ultimo riferimento all'oggetto, assegnando la sua variabile a qualcos'altro, per esempio, tutto lo spazio di memoria occupato dalla struttura di quell'oggetto viene automaticamente ripulito per noi:

```
>>> rec = 0 # Ora lo spazio dell'oggetto
viene recuperato automaticamente
```

Tecnicamente parlando, Python ha una funzionalità nota come garbage collection che ripulisce la memoria inutilizzata durante l'esecuzione del programma e ti esonera dal dover gestire tali dettagli nel tuo codice.

Tuple

L'oggetto tupla è più o meno come un elenco che non può essere modificato: le tuple sono sequenze come elenchi ma sono immutabili, come le stringhe. Funzionalmente, vengono utilizzate per rappresentare raccolte fisse di elementi: i mesi del calendario, ad esempio.

Sintatticamente, sono normalmente codificati tra parentesi tonde al posto delle parentesi quadre e supportano tipi arbitrari, annidamenti arbitrari e le consuete operazioni di sequenza:

```
>>> T = (1, 2, 3, 4) # Una tupla di 4 elementi

>>> len (T) # Lunghezza
4
>>> T + (5, 6) # Concatenazione
(1, 2, 3, 4, 5, 6)
>>> T [0] # Indicizzazione
1
```

Anche le tuple hanno metodi richiamabili e specifici per tipo ma non così tanti come gli elenchi:

```
>>> T.index(4) # 4 appare all'offset 3
3
>>> T.count(4) # 4 appare una volta
1
```

La distinzione principale per le tuple è che non possono essere modificate una volta create infatti sono sequenze immutabili (le tuple di un elemento come quella di seguito richiedono una virgola finale):

```
>>> T[0] = 2 # Le tuple sono immutabili...
```

In caso di modifica di un valore avremmo questo errore: TypeError: 'tuple' object does not support item assignment.

```
>>> T = (2,) + T[1:] # Crea una nuova tupla per un nuovo valore
>>> T
```

```
(2, 2, 3, 4)
```

Come elenchi e dizionari, le tuple supportano
tipi misti e annidamenti ma non crescono e
non si riducono in termini di dimensioni perché
sono immutabili:

```
>>> T = 'spam', 3.0, [11, 22, 33]
>>> T [1]
3.0
>>> T[2][1]
22
```

Considerate le loro specifiche, perché usare
le tuple? Ha senso avere un tipo che è come
un elenco, ma supporta meno operazioni? In
realtà, le tuple non sono usate così spesso
come le liste, ma la loro immutabilità è il punto
centrale.

Se si utilizza una raccolta di oggetti in un
programma come elenco, è possibile
modificarlo ovunque; se si usa una tupla, non
è possibile. Le tuple forniscono una sorta di

vincolo di integrità che è conveniente nei programmi molto grandi.

Verifica la tua preparazione

1. Cosa vuol dire immutabile e quali tipi di dati lo sono?
2. Cos'è una mappatura? E' possibile usarla per descrivere le componenti di un'automobile?
3. Scrivi un programma che utilizzi i tipi di dati appropriati per descrivere la tua stanza.

Capitolo 4: File e Set

File

Gli oggetti `File` sono l'interfaccia principale del codice Python per i file esterni presenti sul tuo computer. Possono essere utilizzati per leggere e scrivere testo, clip audio, documenti Excel, messaggi di posta elettronica e qualsiasi altra cosa che ti capita di memorizzare sulla tua macchina. I `File` sono un tipo di base, ma sono qualcosa di strano: non esiste una sintassi letterale specifica per crearli. Piuttosto, per creare un oggetto file, bisogna invocare la funzione incorporata `open`, passando nome file esterno e modalità di elaborazione come stringhe.

Ad esempio, per creare un file di output di testo, devi passare il suo nome e la stringa

della modalità di elaborazione 'w' per scrivere
i dati:

```
>>> f = open ('data.txt', 'w') # Crea un
nuovo file in modalità output ('w'
indica write)
>>> f.write ('Hello \n') # Scrive
stringhe di caratteri
6
>>> f.write ('world \n') # Restituisce
il numero di elementi scritti
6
>>> f.close () # Scarica il buffer di
output su disco
```

Questo codice crea un file nella directory
corrente e vi scrive del testo (il nome del file
può essere il percorso completo della
directory se è necessario accedere a un file
posizionato altrove sul tuo computer).

Per rileggere ciò che hai appena scritto, riapri
il file in modalità di elaborazione 'r', per
leggere l'input di testo: questa è
l'impostazione predefinita se ometti la
modalità nella funzione.

Il contenuto di un file è sempre una stringa nel tuo script, indipendentemente dal tipo di dati che il file contiene:

```
>>> f = open ('data.txt') # 'r'
(lettura) è la modalità di elaborazione
predefinita
>>> text = f.read() # Legge l'intero
file in una stringa
>>> text
'Hello \nworld \n'
>>> print (text) # print interpreta i
caratteri di controllo (\n)
Hello
world
>>> text.split() # Il contenuto del file
è sempre una stringa
['Hello', 'world']
```

Altri metodi per oggetti File supportano funzionalità aggiuntive, ad esempio, ci sono più modi di leggere e scrivere (read accetta una dimensione massima di byte / carattere come valore opzionale, readline legge una riga alla volta).

In realtà, il modo migliore per leggere un file è non leggerlo affatto: i file forniscono un iteratore che legge automaticamente riga per riga nei cicli for e in altri contesti:

```
>>> for riga in open('data.txt'): print
(riga)
```

Prova ad eseguire questi comandi se vuoi subito una rapida anteprima, così come puoi eseguire una chiamata a dir su qualsiasi file aperto oppure help su uno qualsiasi dei nomi di metodi restituiti da dir:

```
>>> dir(f) [... 'buffer', 'close',
'closed', 'detach', 'encoding',
'errors', 'fileno', 'flush', 'isatty',
'line_buffering', 'mode', 'name',
'newlines', 'read', 'readable',
'readline', 'readlines', 'seek',
'seekable', 'tell', 'truncate',
'writable', 'write', 'writelines']
>>>help(f.seek)
```

...prova e vedrai...

Set

Da Python 2.4 è stato introdotto un nuovo tipo di raccolta, i set, una raccolta non ordinata di oggetti unici e immutabili che supporta operazioni corrispondenti alla teoria matematica degli insiemi. Per definizione, un elemento appare solo una volta in un set, indipendentemente da quante volte viene aggiunto. Di conseguenza, i set hanno una varietà di applicazioni, specialmente nel lavoro numerico e incentrato sul database.

Poiché gli insiemi sono raccolte di altri oggetti, condividono alcuni comportamenti con oggetti come elenchi e dizionari. Ad esempio, i set sono iterabili, possono crescere e ridursi su richiesta e possono contenere una varietà di tipi di oggetti. Come vedremo, un insieme si comporta in modo molto simile alle chiavi di un dizionario senza valore ma supporta operazioni extra.

Tuttavia, poiché gli insiemi non sono ordinati e non associano le chiavi ai valori, non sono né sequenze né mappature; sono una categoria di tipo a sé stante. Inoltre, poiché gli insiemi sono fondamentalmente di natura matematica, esploreremo qui l'utilità di base degli oggetti dell'insieme di Python.

In Python 3.X e 2.7 (deprecata ma ancora usata in molti sistemi), è possibile definire i set nei seguenti modi:

```
set ([1, 2, 3, 4])
{1, 2, 3, 4}
```

Questa sintassi ha senso, dato che gli insiemi sono essenzialmente come i dizionari ma senza valore e, poiché gli elementi di un insieme sono non ordinati, unici e immutabili, gli elementi si comportano in modo molto simile alle chiavi di un dizionario. Questa somiglianza operativa è ancora più sorprendente dato che gli elenchi di chiavi del dizionario sono *viste*, che supportano un comportamento simile a un insieme come intersezioni e unioni.

In tutte le versioni di Python, la sintassi set è ancora richiesta per creare insiemi vuoti e per costruire insiemi da oggetti iterabili esistenti.

Giochiamo un po' con gli insiemi:

```
>>> set([1, 2, 3, 4])
{1, 2, 3, 4}
>>> set('spam')  # Aggiungi tutti gli
elementi in un iteratore
{'s', 'a', 'p', 'm'}
>>> {1, 2, 3, 4}  # Sintassi alternativa
{1, 2, 3, 4}
>>> S = {'s', 'p', 'a', 'm'}
>>> S
{'s', 'a', 'p', 'm'}
>>> S.add('alot')
>>> S
{'s', 'a', 'p', 'alot', 'm'}
```

Trattandosi di insiemi, è possibile creare l'intersezione, l'unione e la differenza tra insiemi:

```
>>> S1 = {1, 2, 3, 4}
>>> S1 & {1, 3} # Intersezione
{1, 3}
>>> {1, 5, 3, 6} | S1 # Unione
{1, 2, 3, 4, 5, 6}
>>> S1 - {1, 3, 4} # Differenza
{2}
>>> S1> {1, 3} # Superset
True
```

Verifica la tua preparazione

1. Qual è l'impostazione predefinita per la modalità di elaborazione di un file per la funzione `open`?

2. Scrivi uno script che crei un nuovo file di output chiamato `prova.txt` contenente la stringa `"Questo è il mio primo file"`. Quindi scrivi un altro script che apra `prova.txt`, legga e stampi il suo contenuto in almeno due modi diversi. Esegui i tuoi due script dalla riga di comando del sistema. Il nuovo file viene visualizzato nella directory in cui hai eseguito gli script? Cosa succede se aggiungi un percorso di directory diverso al nome del file passato per la funzione `open`?

Capitolo 5: Funzioni e moduli

Funzioni

In termini semplici, una funzione raggruppa un insieme di istruzioni in modo che possano essere eseguite più di una volta in un programma: una procedura impacchettata ed invocata per nome.

Le funzioni possono anche calcolare un risultato e permetterci di specificare i parametri che servono come input della funzione, tali valori possono differire ogni volta che il codice viene eseguito. Codificare un'operazione come una funzione la rende uno strumento generalmente utile, che possiamo usare in una varietà di contesti diversi.

Fondamentalmente, le funzioni sono l'alternativa alla programmazione copia e incolla: invece di avere più copie ridondanti del codice, possiamo scomporlo in un'unica funzione. Così facendo riduciamo radicalmente il nostro lavoro futuro: se l'operazione deve essere modificata in un secondo momento, abbiamo solo una copia da aggiornare della funzione e non diverse copie sparse nel programma.

Le funzioni sono anche la struttura di programma più basilare che Python fornisce per massimizzare il riutilizzo del codice e ci portano alle nozioni più ampie di progettazione del software. Come vedremo, le funzioni ci consentono di suddividere sistemi complessi in parti gestibili, scomponendo i problemi. Implementando ogni parte come una funzione, la rendiamo sia riutilizzabile che più facile da codificare.

Prima di entrare nei dettagli, stabiliamo un quadro chiaro di cosa trattano le funzioni. Le funzioni sono un metodo di strutturazione del programma quasi universale. Potresti averle già incontrate prima in altri linguaggi, dove potrebbero essere stati chiamate subroutine o procedure.

Come nella maggior parte dei linguaggi di programmazione, le funzioni Python sono il modo più semplice per impacchettare la logica che potresti voler usare in più di un posto e più di una volta. Fino ad ora, tutto il codice che abbiamo scritto è stato eseguito immediatamente, le funzioni ci consentono di raggruppare e generalizzare il codice da utilizzare arbitrariamente diverse volte in seguito.

Poiché ci consentono di codificare un'operazione in un unico posto e di usarla dove necessario, le funzioni Python sono lo strumento di factoring più basilare nel linguaggio: ci consentono di ridurre la ridondanza del codice nei nostri programmi e quindi ridurre lo sforzo di manutenzione.

Facciamo un esempio, per fare una pizza da zero, dovresti iniziare mescolando l'impasto, stenderlo, aggiungere i condimenti, cuocerlo e così via. Se stai programmando un robot che faccia la pizza, le funzioni potrebbero aiutare a dividere il compito generale di "fare la pizza" in blocchi, una funzione per ogni attività dell'intero processo.

È più facile implementare le attività più piccole isolatamente rispetto ad implementare l'intero processo in una sola volta. In generale, le funzioni riguardano la procedura: come fare qualcosa, piuttosto che "per cosa la stai facendo".

Come vedrai, le funzioni non implicano molta nuova sintassi, ma ci portano ad alcune idee di programmazione più grandi ed importanti.

Scriviamo un primo esempio reale per dimostrare le basi. Come vedrai, ci sono due fasi per una funzione: una definizione (la `def` che crea una funzione) e una chiamata (espressione che dice a Python di eseguire il corpo della funzione).

Ecco una definizione digitata in modo interattivo che definisce una funzione chiamata `moltiplica`, che restituisce il prodotto dei suoi due argomenti:

```
>>> def moltiplica (x, y): # Crea e
assegna funzione
... return x * y # Corpo da eseguire
quando invocata
```

Quando Python raggiunge ed esegue questo `def`, crea un nuovo oggetto funzione che impacchetta il codice della funzione e assegna l'oggetto al nome `moltiplica`. In genere, tale istruzione è codificata in un file di modulo e viene eseguita quando il file allegato viene importato; per qualcosa di così piccolo, però, la shell interattiva è sufficiente.

L'istruzione `def` crea una funzione ma non la invoca. Dopo che `def` è stato eseguito, puoi chiamare (eseguire o invocare) la funzione nel tuo programma aggiungendo parentesi dopo il nome della funzione. Le parentesi possono opzionalmente contenere uno o più argomenti da passare (assegnare) ai nomi nell'intestazione della funzione:

```
>>> moltiplica (2, 4) # Argomenti tra
parentesi
8
```

Questa espressione passa due argomenti a `moltiplica`. Come accennato in precedenza, gli argomenti vengono passati per assegnazione, quindi in questo caso al nome x nell'intestazione della funzione viene assegnato il valore 2, a y viene assegnato il valore 4 e il corpo della funzione viene eseguito. Per questa funzione, il corpo è solo un'istruzione `return` che restituisce il risultato come valore dell'espressione di chiamata.

L'oggetto restituito è stato stampato qui in modo interattivo (come nella maggior parte dei linguaggi, 2 * 4 è 8 in Python) ma se avessimo bisogno di usarlo in seguito potremmo invece assegnarlo a una variabile. Ad esempio:

```
>>> x = moltiplica(3.14, 4) # Salva
l'oggetto risultato
>>> x
12.56
```

Ora, guarda cosa succede quando la funzione viene chiamata una terza volta, con tipi di oggetti diversi passati in input:

```
>>> moltiplica('Ni', 4)  # Le funzioni
sono "senza tipo"
'NiNiNiNi'
```

Questa volta, la nostra funzione assume un significato completamente diverso. In questa terza chiamata, una stringa e un numero intero vengono passati a x e y, al posto dei due numeri. Ricorda che * funziona sia su numeri che su sequenze; poiché non dichiariamo mai i tipi di variabili, argomenti o valori restituiti in Python, possiamo usare moltiplica per moltiplicare numeri o ripetere stringhe.

In altre parole, moltiplica funziona in base a ciò che gli passiamo. Questa è un'idea fondamentale in Python (e forse la chiave per usare bene tale linguaggio).

Moduli

Un modulo Python è l'unità di organizzazione del programma di livello più alto, che impacchetta codice e dati del programma per il riutilizzo e fornisce *namespace* autosufficienti che riducono al minimo i conflitti di nomi di variabili tra i programmi. In termini concreti, i moduli corrispondono tipicamente ai file di programma Python.

Ogni file è un modulo e i moduli importano altri moduli per utilizzare i nomi che definiscono. I moduli potrebbero anche corrispondere a estensioni codificate in linguaggi esterni come C, Java o C# e persino a directory nelle importazioni di pacchetti. I moduli vengono elaborati con due istruzioni e una funzione importante:

- `import`: consente a un client di recuperare un modulo nel suo insieme
- `from`: consente ai client di recuperare nomi particolari da un modulo
- `imp.reload`: fornisce un modo per ricaricare il codice di un modulo senza fermare l'esecuzione di Python.

Esaminiamo le basi dei moduli per offrire uno sguardo generale al ruolo dei moduli nella struttura generale del programma. Poiché i moduli e le classi sono in realtà solo namespace glorificati, qui formalizzeremo anche i concetti del namespace (o spazio dei nomi).

Perché utilizzare i moduli? In breve, i moduli forniscono un modo semplice per organizzare i componenti in un sistema fungendo da pacchetti autonomi di variabili, noti come namespace. Tutti i nomi definiti al livello superiore di un modulo diventano attributi dell'oggetto modulo importato.

I moduli di Python ci consentono di collegare singoli file in un software più ampio. Più specificamente, i moduli hanno almeno tre ruoli: riutilizzo del codice, partizionamento del namespace e implementazione di servizi o dati condivisi.

I moduli, infatti, consentono di salvare il codice all'interno di file in modo permanente. A differenza del codice digitato al prompt interattivo di Python, che scompare quando termina la sessione, il codice nei file del modulo è persistente: può essere ricaricato e rieseguito tutte le volte che è necessario.

Altrettanto importante, i moduli sono un luogo per definire i nomi, noti come attributi, a cui possono fare riferimento più client esterni. Se utilizzato correttamente, supporta un design di programma modulare che raggruppa le funzionalità in unità riutilizzabili.

I moduli sono anche l'unità di organizzazione del programma di livello più alto in Python e, sebbene siano fondamentalmente solo pacchetti di nomi, essi sono anche autonomi: non è mai possibile vedere un nome in un altro file, a meno che non si importi esplicitamente quel file. Questo aiuta ad evitare conflitti di nomi tra i programmi e, in effetti, non puoi evitare questa caratteristica: tutto "vive" in un modulo, sia il codice che esegui sia gli oggetti che crei sono sempre implicitamente racchiusi nei moduli. Per questo motivo, i moduli sono strumenti naturali per raggruppare le componenti di un sistema.

Da un punto di vista operativo, i moduli sono utili anche per implementare componenti condivise in un sistema, che richiedono quindi solo una singola copia. Ad esempio, se è necessario fornire un oggetto globale utilizzato da più di una funzione o file, è possibile codificarlo in un modulo che può quindi essere importato da molti client.

Finora in questo libro, ho addolcito parte della complessità nelle mie descrizioni dei programmi Python. In pratica, i programmi di solito coinvolgono più di un file. Tranne gli script più semplici, i vostri programmi assumeranno la forma di sistemi a più file. Anche se riesci a cavartela con la codifica di un singolo file da solo, quasi sicuramente finirai per utilizzare file esterni che qualcun altro ha già scritto per te.

Python promuove una struttura di programma modulare che raggruppa le funzionalità in unità coerenti e riutilizzabili, in modi naturali e quasi automatici.

Come strutturare un programma? A un livello base, un programma Python è costituito da file di testo contenenti istruzioni Python, con un file principale di primo livello e zero o più file supplementari noti come moduli. Il file di primo livello (noto anche come script) contiene il flusso principale di controllo del programma: questo è il file che esegui per avviare l'applicazione.

I file del modulo sono librerie di strumenti che servono per raccogliere i componenti utilizzati dal file di primo livello e possibilmente altrove. I file di primo livello utilizzano strumenti definiti nei file di modulo, mentre i moduli utilizzano strumenti definiti in altri moduli.

Sebbene siano anche file di codice, i file dei moduli generalmente non fanno nulla quando vengono eseguiti direttamente; piuttosto, definiscono strumenti destinati all'uso in altri file. Un file importa un modulo per ottenere l'accesso agli strumenti che definisce, noti come attributi: nomi di variabili associati a oggetti come le funzioni. Infine, importiamo i moduli e accediamo ai loro attributi per utilizzare i loro strumenti.

Supponiamo di avere la struttura di un programma Python composto da tre file: `a.py`, `b.py` e `c.py`. Il file `a.py` viene scelto come file di primo livello; sarà un semplice file di testo di istruzioni, che viene eseguito dall'alto verso il basso quando viene lanciato.

I file `b.py` e `c.py` sono moduli; semplici file di istruzioni ma di solito non vengono avviati direttamente. I moduli vengono normalmente importati da altri file che desiderano utilizzare gli strumenti definiti dai moduli. Ad esempio, supponiamo che il file `b.py` definisca una funzione chiamata `spam`, per uso esterno. In questo caso, `b.py` conterrà un'istruzione `def` di Python per generare la funzione, che potrai successivamente eseguire passando zero o più valori tra parentesi dopo il nome della funzione:

```python
def spam(text):  # File b.py
    print(text, 'spam')
```

Ora, supponiamo che `a.py` voglia usare `spam`. A tal fine, potrebbe contenere istruzioni Python come le seguenti:

```python
import b  # File a.py
b.spam('questo è')  # Stampa "questo è spam"
```

La prima di queste, un'istruzione `import` Python, fornisce al file `a.py` accesso a tutto ciò che è definito dal codice di primo livello nel file `b.py`. Il codice `import b` significa più o meno: carica il file `b.py` (a meno che non sia già caricato) e dammi l'accesso a tutti i suoi attributi tramite il nome `b`.

Per soddisfare tali obiettivi, le istruzioni `import` vengono eseguite e caricano altri file su richiesta. Più formalmente, in Python, il collegamento di moduli tra file non viene risolto finché tali istruzioni per l'importazione non vengono eseguite in fase di esecuzione; il loro effetto finale è quello di assegnare nomi di modulo - variabili semplici come `b` - agli oggetti modulo caricati.

Infatti, il nome del modulo utilizzato in un'istruzione di importazione ha due scopi: identifica il file esterno da caricare ma diventa anche una variabile assegnata al modulo caricato. Allo stesso modo, anche gli oggetti definiti da un modulo vengono creati in fase di run-time, mentre l'importazione è in esecuzione: `import` esegue letteralmente le istruzioni nel file di destinazione una alla volta per creare il suo contenuto.

Lungo il percorso, ogni nome assegnato al livello superiore del file diventa un attributo del modulo, accessibile agli "importatori". Ad esempio, la seconda delle istruzioni in `a.py` chiama la funzione `spam` definita nel modulo `b`, creata eseguendo l'istruzione `def` durante l'importazione, utilizzando la notazione dell'attributo oggetto. Il codice `b.spam` significa: recupera il valore del nome `spam` che risiede all'interno dell'oggetto `b`.

Questa è una funzione richiamabile nel nostro esempio, quindi passiamo una stringa tra parentesi (`"questo è"`). Se digiti effettivamente questi file, li salvi ed esegui `a.py`, verrà stampata la frase `"questo è spam"`.

Anche la nozione di importazione è completamente generale in Python infatti qualsiasi file può importare strumenti da qualsiasi altro file. Ad esempio, il file `a.py` può importare `b.py` per chiamare la sua funzione ma `b.py` potrebbe anche importare `c.py` per sfruttare diversi strumenti definiti in quest'ultimo.

Le catene di importazione possono andare in profondità quanto vuoi: ad esempio, il modulo `a` può importare `b`, che può importare `c`, che può importare di nuovo `b`, e così via. Oltre a servire come struttura organizzativa più elevata, i moduli sono anche il più alto livello di riutilizzo del codice in Python. La codifica dei componenti nei file dei moduli li rende utili nel programma originale e in qualsiasi altro programma che potresti scrivere in seguito.

Ad esempio, se dopo aver codificato il programma precedente scopriamo che la funzione `b.spam` è uno strumento generico, possiamo riutilizzarlo in un programma completamente diverso; tutto quello che

dobbiamo fare è importare di nuovo il file `b.py`
nell'altro programma.

Verifica la tua preparazione

1. Scrivi un programma che conti le righe ed i caratteri in un file. Con il tuo editor di testo, codifica un modulo Python chiamato `miomodulo.py` che esporta: una funzione `contaRighe(nomeFile)` che legge un file di input e conta il numero di righe in esso, una funzione `contaCaratteri(nomeFile)` che legge un file di input e conta il numero di caratteri in esso ed una funzione `test(nomeFile)` che invoca entrambe le funzioni di conteggio con un dato nome di file come input. Tutte e tre le funzioni dovrebbero aspettarsi che venga passata una stringa come nome del file. Ogni funzione non dovrebbe essere più lunga di due o tre righe. Successivamente, prova il tuo modulo

in modo interattivo, utilizzando `import`
per recuperare le tue funzioni.

Capitolo 6: OOP

Classi

Finora in questo libro abbiamo utilizzato genericamente il termine "oggetto". In realtà, il codice scritto fino a questo punto è stato basato su oggetti: abbiamo passato oggetti ai nostri script, li abbiamo usati nelle espressioni, chiamato i loro metodi e così via. Affinché il nostro codice si qualifichi come veramente orientato agli oggetti (OOP), tuttavia, i nostri oggetti dovranno generalmente partecipare anche a qualcosa chiamato gerarchia di ereditarietà.

Le classi sono il principale strumento di programmazione orientata agli oggetti (OOP) di Python, quindi in questa parte del libro esamineremo anche le basi dell'OOP. OOP offre un modo di programmazione diverso e spesso più efficace, in cui prendiamo in considerazione il codice per ridurre al minimo la ridondanza e scriviamo nuovi programmi personalizzando il codice esistente invece di modificarlo all'origine.

In Python, le classi vengono create con una nuova istruzione: `class`. Come vedrai, gli oggetti definiti con le classi possono assomigliare molto ai tipi incorporati che abbiamo studiato in precedenza nel libro. Le classi, tuttavia, sono progettate per creare e gestire nuovi oggetti e supportare l'ereditarietà, un meccanismo di personalizzazione e riutilizzo del codice al di sopra e al di là di qualsiasi cosa vista finora.

Una nota in anticipo: in Python, l'OOP è del tutto facoltativo e non è necessario utilizzare le classi. È possibile svolgere molto lavoro con costrutti più semplici come funzioni o anche semplice codice di script di primo livello.

Tuttavia, come vedrai in questa parte del libro, le classi risultano essere uno degli strumenti più utili forniti da Python. Se usate bene, le classi possono effettivamente ridurre drasticamente i tempi di sviluppo.

Sono impiegate in strumenti Python molto popolari come l'API GUI di tkinter, quindi la maggior parte dei programmatori Python troverà utile almeno una conoscenza pratica delle nozioni di base della classe.

Perché usare le classi? In termini semplici, le classi sono solo un modo per definire nuovi tipi di cose, che riflettono oggetti reali nel dominio di un programma. Ad esempio, supponiamo di implementare quell'ipotetico robot per la pizza che abbiamo usato come esempio nei capitoli precedenti. Se lo implementiamo usando le classi, possiamo modellare più della sua struttura e delle relazioni del mondo reale.

Due aspetti dell'OOP si dimostrano utili in questo caso: ereditarietà e composizione.

I robot per la produzione di pizza sono tipi di robot, quindi possiedono le solite proprietà dei robot. In termini OOP, diciamo che "ereditano" proprietà dalla categoria generale di tutti i robot e queste proprietà comuni devono essere implementate solo una volta per il caso generale e possono essere riutilizzate da parte o completamente da tutti i tipi di robot che potremmo costruire in futuro.

I robot per la pizza sono in realtà raccolte di componenti che lavorano insieme come una squadra. Ad esempio, affinché il nostro robot abbia successo, potrebbero essere necessarie delle "braccia" per stendere l'impasto, motori per manovrare la pala nel forno e così via. Nel linguaggio OOP, il nostro robot è un esempio di composizione cioè contiene altri oggetti che attiva per eseguire le sue azioni.

Ogni componente potrebbe essere codificata come una classe, che definisce il proprio comportamento e le proprie relazioni.

Idee generali dell'OOP come ereditarietà e composizione si applicano a qualsiasi software che può essere scomposto in un insieme di oggetti. Ad esempio, nei tipici sistemi GUI, le interfacce sono scritte come raccolte di widget (pulsanti, etichette e così via) che vengono tutti disegnati quando viene disegnato il loro contenitore (composizione). Potremmo essere in grado di scrivere i nostri widget personalizzati - pulsanti con caratteri particolari, etichette con nuovi schemi di colori ecc. - che sono versioni specializzate di dispositivi di interfaccia più generali (ereditarietà).

Da una prospettiva di programmazione più concreta, le classi sono unità di programma Python, proprio come funzioni e moduli.

In effetti, le classi definiscono anche nuovi namespace, proprio come i moduli. Tuttavia, rispetto ad altre unità di programma che abbiamo già visto, le classi hanno tre distinzioni fondamentali che le rendono più utili quando si tratta di costruire nuovi oggetti:

- istanze multiple
- personalizzazione tramite ereditarietà
- overloading degli operatori

Le classi sono essenzialmente delle fabbriche per la generazione di uno o più oggetti. Ogni volta che chiamiamo una classe, generiamo un nuovo oggetto con namespace distinto. Ogni oggetto generato da una classe ha accesso agli attributi della classe stessa e ottiene un proprio namespace per i dati, pertanto, le classi offrono una soluzione di programmazione completa.

Le classi supportano le nozioni di eredità OOP, infatti, possiamo estendere una classe ridefinendo i suoi attributi al di fuori della classe stessa in nuovi componenti software codificati come sottoclassi. Più in generale, le classi possono creare gerarchie di namespace, che definiscono i nomi che devono essere utilizzati dagli oggetti creati dalle classi nella gerarchia. Questo supporta comportamenti personalizzabili in modo più diretto rispetto ad altri strumenti.

Fornendo metodi di protocollo speciali, le classi possono definire oggetti che rispondono al tipo di operazioni che abbiamo visto al lavoro sui tipi incorporati. Ad esempio, gli oggetti creati con le classi possono essere suddivisi, concatenati, indicizzati e così via. Python fornisce degli *hook* che le classi possono usare per intercettare e implementare qualsiasi operazione di tipo integrata.

Alla sua base, il meccanismo di OOP in Python è riconducibile ad un argomento speciale nelle funzioni (per ricevere l'oggetto di una chiamata) e alla ricerca di attributi di ereditarietà (per supportare la programmazione tramite personalizzazione). Oltre a questo, il modello OOP è in gran parte costituito da funzioni che alla fine elaborano tipi integrati.

Sebbene non sia radicalmente nuovo, tuttavia, OOP aggiunge un ulteriore livello di struttura che supporta una programmazione migliore rispetto ai modelli procedurali tipici. Insieme agli strumenti funzionali che abbiamo incontrato in precedenza, rappresenta un importante passo di astrazione rispetto all'hardware del computer che ci aiuta a creare programmi più complessi.

Verifica la tua preparazione

1. Su cosa si basa la programmazione OOP?
2. Quali sono le caratteristiche di una classe? In cosa si differenzia dalle strutture esaminate in precedenza?

Capitolo 7: Iteratori

Al fine di poter iterare (o ciclare) su una serie di elementi è fondamentale conoscere e saper usare gli iteratori. In realtà, il ciclo `for` risulta essere molto generico e versatile: funziona su qualsiasi oggetto iterabile. Il concetto di "oggetti iterabili" è relativamente recente in Python ma è arrivato a permeare il design del linguaggio.

È essenzialmente una generalizzazione della nozione di sequenze: un oggetto è considerato iterabile se è una sequenza memorizzata fisicamente o un oggetto che produce un risultato alla volta nel contesto di uno strumento di iterazione come un ciclo `for`. In un certo senso, gli oggetti iterabili includono sia sequenze fisiche che sequenze virtuali calcolate a richiesta.

```
>>> for x in [1, 2, 3, 4]: print(x ** 2,
end=' ')
... 1 4 9 16
>>> for x in (1, 2, 3, 4): print(x ** 3,
end=' ')
... 1 8 27 64
>>> for x in 'spam': print(x * 2, end='
')
... ss pp aa mm
```

Oltre ai file e alle sequenze fisiche come gli elenchi, anche altri tipi hanno iteratori utili. Il modo classico per scorrere le chiavi di un dizionario, ad esempio, è il seguente:

```
>>> D = {'a':1, 'b':2, 'c':3}
>>> for chiave in D:
... print(chiave, D[chiave])
a 1
b 2
c 3
```

Anche le stringhe sono oggetti iterabili, contengono una sequenza di caratteri:

```
>>> for carattere in "prova":
... print(carattere)
p
r
```

o
v
a

Con l'istruzione break possiamo interrompere il ciclo anticipatamente, come si evince dall'esempio:

```
>>> for ruolo in ['dev', 'dev-ops',
'leader']:
... if (ruolo == 'dev-ops'): break
...print(ruolo)

dev
```

Come vedi l'istruzione break interrompe il ciclo al secondo elemento quindi non si procede alla valutazione della stringa 'leader'.

Verifica la tua preparazione

1. Crea una funzione che restituisca la somma dei numeri da 1 a 5.
2. Crea una funzione che, data una lista, restituisca la somma di tutti i numeri pari.